BEI GRIN MACHT SICH IHR WISSEN BEZAHLT

- Wir veröffentlichen Ihre Hausarbeit, Bachelor- und Masterarbeit

- Ihr eigenes eBook und Buch - weltweit in allen wichtigen Shops

- Verdienen Sie an jedem Verkauf

Jetzt bei www.GRIN.com hochladen und kostenlos publizieren

Karl der Große und sein Verhältnis zum Papsttum. Wie schaffte es Karl der Große, sich gegen die anderen Mächte Europas zu behaupten?

Bibliografische Information der Deutschen Nationalbibliothek:

Die Deutsche Nationalbibliothek verzeichnet diese Publikation in der Deutschen Nationalbibliografie; detaillierte bibliografische Daten sind im Internet über http://dnb.d-nb.de abrufbar.

ISBN: 9783668203174
Dieses Buch ist auch als E-Book erhältlich.

Druck und Bindung: Books on Demand GmbH, Norderstedt Germany
Gedruckt auf säurefreiem Papier aus verantwortungsvollen Quellen

Das vorliegende Werk wurde sorgfältig erarbeitet. Dennoch übernehmen Autoren und Verlag für die Richtigkeit von Angaben, Hinweisen, Links und Ratschlägen sowie eventuelle Druckfehler keine Haftung.

Das Buch bei GRIN: https://www.grin.com/document/321071

Ernst-Moritz-Arndt-Universität Greifswald

Historisches Institut

Karl der Grosse und das Papsttum

Hausarbeit

Für das Hauptseminar

Karl der Grosse und sein Reich

Sose 2010

Inhaltsverzeichnis

1. Einleitung

Die Beziehung zwischen dem fränkischen Reich und dem Papsttum in Rom, haben unter Karl dem Grossen ihren vorläufigen Höhepunkt erreicht. Beide Seiten bedingten sich gegenseitig in ihren politischen Machtansprüchen, wobei Karl es aber schaffte, den Nachfolger Petri in Rom immer stärker an sich zu binden. Den Kulminationspunkt bildete sicherlich die Kaiserkrönung Karls des Grossen in Rom, mit der er an die Tradition der alten römischen Kaiser in Rom anknüpfte und so seinen Herrschaftsanspruch über viele Gebiete im westlichen Europa geltend machte.

Aber wie schaffte es Karl eine so exponierte Stellung innerhalb des Machtgefüges in Europa zu bekommen und sich gegen die anderen Mächte zu behaupten? Hierbei ist besonders das oströmische Reich zu erwähnen, aber auch das Papsttum selbst und die im damaligen Italien ansässigen Langobarden.

Wie stellte sich das Verhältnis zum Papsttum unter Karl dem Grossen dar und was waren die Handlungsintentionen des fränkischen Herrschers? Um diese Fragen zu beantworten, bildet das Thema dieser Arbeit: „Karl der Grosse und das Papsttum", den passenden Rahmen. Zuerst muss aber die Vorgeschichte der Beziehungen der fränkischen Herrscher zum Römischen Bischof beleuchtet werden, da hier der Grundstein für die guten Beziehungen zueinander gelegt wurde. Hierzu schreibt der Historiker Erich Caspar:

> „Das Bündnis zwischen Papsttum und Frankenreich um die Mitte des achten Jahrhunderts hat Epoche in der abendländischen Geschichte gemacht. Mit ihm beginnt das Mittelalter. Denn dieses Bündnis hat der historischen Entwicklung Europas auf Jahrhunderte hin die Richtung gewiesen."[2]

Des Weiteren werden die jeweiligen Päpste betrachtet, die dem Kirchenstaat zu Zeiten Karls vorstanden und anhand von Ereignissen und den daraus resultierenden Reaktionen die Fragestellungen abgearbeitet.

Das Hauptaugenmerk soll auf den Beziehungen zwischen Karl und dem Papsttum liegen, dennoch dürfen auch die Beziehungen zu Byzanz nicht außer Acht gelassen werden. Die Ausführungen enden mit der Krönung Karls zum Kaiser, da dieses Ereignis den Höhepunkt seiner Macht darstellt und der Papst von da an unter dem Kaiser stand.

Der heutige Wissensstand zu diesem Thema ist sehr groß, wie auch die Fülle an verfügbarer Literatur zeigt. Den Reichsannalen sowie der Vita Karoli von Einhard kommen für die Beantwortung der oben gestellten Fragen als Primärquellen eine wesentliche Bedeutung

---

[2] Caspar, Erich: Das Papsttum unter fränkischer Herrschaft, Darmstadt 1956, S. 9.

3

zu. Folgende Bücher wurden als die wichtigsten Sekundärquellen herangezogen: z.B. Scholz, Caspar und Classen.

2. Historische Hintergründe: Annäherung des Frankenreiches an Rom

Beginnend mit dem Pontifikat Papst Gregors III. (731-741) setzte eine neue politische Ausrichtung des Papsttums ein. Byzanz, das damalige oströmische Reich, hatte sich als unfähig erwiesen, Rom vor seinen Feinden, den Langobarden, zu schützen. Außerdem hatten beide Parteien eine unterschiedliche Auffassung in den Fragen der Bilderverehrung. Die Päpste suchten nun zunehmend Unterstützung und Schutz bei den Franken. Diese Veränderung in der Positionierung, führte auch zu einer neuen Selbstdarstellung sowie zu einem neuen Selbstverständnis der Päpste. Weitestgehend gelöst vom oströmisch-byzantinischen Reich und unter dem wachsenden politischen Einfluss der Franken, betonten sie nun ihre Autorität in Glaubensfragen und ihre Bedeutung für die sakrale Legitimation des karolingischen Königtums.[3]

Aufgrund der langobardischen Bedrohung in Italien schickte Papst Gregor III. zwei Gesandtschaften zu Karl Martell, mit der Bitte um Hilfe[4]. In den Jahren 739 und 740 plünderten langobardische Truppen das Dukat von Rom.[5] Hier ist schon eine erste deutliche Abkehr des Papstes von Byzanz zu beobachten. An diese Stelle sollte nun der Schutz der Kirche durch die fränkischen Heerscher treten.[6] Karl Martell verhielt sich höflich gegenüber den römischen Gesandtschaften, aber unternahm aufgrund eines Bündnisses mit dem Langobardenkönig Liutprand nichts.[7] Man erkennt, dass der Papst die Franken als die einzige Macht ansah, die stark genug war die Langobarden zu stoppen.[8] Gregor III. stellt für die Hilfe die Verheißung des Seelenheils in Aussicht und gibt sich als Förderer des fränkischen Reiches aus.[9] Dieses Angebot jedoch konnte Karl nicht zu einer Intervention überreden.

Der Nachfolger Gregors III., Zacharias (741-752) verfolgte, wohl in der Hoffnung auf byzantinische Hilfe gegen die Langobarden, eine Politik der vorsichtigen Annäherung gegen-

---

[3] Vgl.: Scholz, Sebastian: Politik- Selbstverständnis- Selbstdarstellung. Die Päpste in karolingischer und ottonischer Zeit, Stuttgart 2006, S. 24.
[4] Vgl.: Knefelkamp, Ulrich: Das Mittelalter, Paderborn² 2003, S. 61.
[5] Vgl.: Scholz 2006, S. 46.
[6] Vgl.: Scholz 2006, S. 48.
[7] Vgl.: Knefelkamp 2003, ebd.
[8] Vgl.: Scholz 2006, ebd.
[9] Vgl.: Scholz 2006, S. 51.

über Kaiser Konstantin V. von Byzanz.[10] Allerdings war er der Papst der Karls Thronfolger, Sohn Pippin III., durch *„apostolische auctoritas"*[11] verhalf, im Jahre 751 legitimer fränkischer König zu werden und sich gegen den Merowinger Childerich durchzusetzen. Dieser geschickte Schachzug Pippins, sich die Legitimation seiner Herrschaft durch das Papsttum zu sichern, vollendete den Aufstieg der Karolinger, einstmals hervorgegangen aus dem Hausmeieramt, zu fränkischen Königen.[12]

Zu Beginn der Herrschaft Pippins bestand die Bedrohung des Pontifikats, des nun neuen Papstes Stephan II. (752-757), durch die Langobarden nach wie vor fort. Dem Langobardenkönig Aistulf gelang es die beiden Fürstentümer Spoleto und Benevent zu unterwerfen und so dem Papst die zwei Verbündeten zu entziehen. Außerdem besetzte Aistulf das Exachart von Ravenna. Als Verhandlungen unter der Schirmherrschaft des Kaisers Konstantin V. scheiterten, erkannte Stephan II., dass er von byzantinischer Seite keine Hilfe erwarten konnte. Er erkannte die prekäre Situation und es gelang ihm, die Franken zum Eingreifen gegen die Langobarden zu bewegen.[13]

Im Jahr 753 schickte Pippin einen Vertrauten nach Rom, der mit der päpstlichen Beschwörung für ein Eingreifen gegen die Expansionspolitik Aistulfs zurückkehrte.[14] Die fränkischen Großen waren aber gespalten, denn ein Teil beschwor noch immer das alte Bündnis mit den Langobarden. So brach Stephan II. am 14.Oktober 753, nach dem Scheitern der Verhandlungen mit Aistulf, persönlich ins Frankenreich auf.[15] Pippin schickte ihm seinen siebenjährigen Sohn Karl entgegen und bereitete ihm in der Pfalz Ponthion einen würdigen Empfang. Der Papst, im Büßergewand gekleidet, erflehte die Hilfe des Frankenkönigs die dieser ihm gewährte. Pippin und Stephan gingen daraufhin einen gegenseitigen Freundschaftsbund ein. Der König setzte somit ein deutliches Signal, dass er den Papst unter allen Umständen schützen wolle. Der Papst wiederum machte deutlich, dass er Pippin als den Verteidiger des heiligen Stuhls betrachtete.[16] Somit war der Kaiser in Byzanz endgültig aus dem Rennen, obwohl das byzantinische Dukat über Rom formell noch Bestand hatte.

Im April 754 beschloss Pippin in Quierzy einen Heereszug gegen die renitenten Langobarden und versprach dem Papst im Falle eines Sieges weit reichende Gebietsschenkungen in

---

[10] Vgl.: Scholz 2006, ebd.
[11] Vgl.: Caspar 1956, S. 15.
[12] Vgl.: Knefelkamp 2003, S. 63.
[13] Vgl.: Scholz 2006, ebd.
[14] Vgl.: Scholz 2006, S. 56.
[15] Vgl.: Scholz 2006, S. 57.
[16] Vgl.: Scholz 2006, S. 58f.

Italien, die später so genannten „Pippinschen Schenkungen".[17] In diese Zeit fällt auch die bedeutsame Salbung Pippins und seiner beiden Söhne Karl und Karlmann zu Königen durch Stephan II. in Saint-Denis, bei der alle drei zu *patricii Romanorum* ernannt wurden. Diese Maßnahme zog eine Stärkung der Herrschaft Pippins nach sich, die gleichzeitig dem oppositionellen fränkischen Adel den Wind aus den Segeln nahm.[18] Pippin zog mit einem Heer über die Alpen und schlug den Langobardenkönig Aistulf in seiner Residenz Pavia. Dieser musste in einem Friedensvertrag die fränkische Oberhoheit anerkennen. Nachdem Aistulf seine Zusagen aber nicht einhielt und erneut gegen Rom marschierte, zog Pippin 755/756 abermals gegen Pavia. Nach erneutem Sieg musste Aistulf einem noch härteren Friedensvertrag zustimmen. In diesem wurde er nicht nur zu jährlichen Tributzahlungen verpflichtet, sondern auch zur Rückgabe des Exarchat Ravenna. Letzteres fiel nun unter fränkische Kontrolle. Ein wesentlicher Nutznießer dieses Vertrages war der Papst, der sich nun aufgrund der von Pippin versprochenen „*promissio donationis*"[19] der Schaffung eines Kirchenstaates, von Rom bis Ravenna, ein Stück weit näher sah.[20]

Somit war der erste Schritt in die gegenseitige Abhängigkeit getan: Das Papsttum stand unter ständigem Schutz durch die Karolinger und das fränkische Herrscherhaus profitierte vom geistigen Beistand des Papstes.[21] Classen schreibt weiter:

> „ Der Verkehr mit Byzanz war nicht völlig abgebrochen- aber die Ausübung der Reichsverwaltung nicht nur in Rom, sondern auch im römischen Dukat und im Exarchat von Ravenna nahmen die Päpste mit ihrer im Patriarchium des Laterans vereinten Bürokratie in Anspruch. Sprechender Ausdruck dieser Idee ist das um diese Zeit entstandene Constitutum Constantini, das Rom nicht aus dem Reich lösen will, aber den Kaiser in den Osten verweist [...]"[22]

Pippin blieb auch dem Nachfolgepapst Paul I. (757–767) treu und bezog in der Frage des Ikonoklasmus eindeutig die päpstliche Position.[23]

Am 24.09.768 starb Pippin der Jüngere in Paris und ließ sich, wie schon sein Vater Karl, in St. Denis begraben. Vorher ordnete er noch sein Erbe und teilte sein Reich unter seinen beiden verbliebenen Söhnen Karl und Karlmann auf. Karl erhielt das Nördliche Teilreich bis zur Loire und nach Thüringen, Karlmann das südliche Teilreich von Septimanien bis

---

[17] Vgl.: Knefelkamp 2003, S. 64.

[18] Vgl.: Scholz 2006, S. 60

[19] Vgl.: Scholz 2006, ebd.

[20] Vgl.: Knefelkamp 2003, S. 64.

[21] Vgl.: Scholz 2006, S. 72.

[22] Classen, Peter: Karl der Große, das Papsttum und Byzanz. Die Begründung des karolingischen Kaisertums, Sigmaringen 1985, S. 8.

[23] Vgl.: Scholz 2006, S. 74.

Alamannien. Aquitanien wurde unter ihnen beiden aufgeteilt.[24] Karl und Karlmann traten in der zweiten Oktoberwoche 768 in Noyen bzw. Soissons in ihren jeweiligen Reichen die Nachfolge an.[25] Aber die Teilung des Frankenreiches, führte in eine Krise und beide Brüder strebten nun nach der Vergrößerung ihres Anteils und vielleicht sogar nach der Erringung der Alleinherrschaft.[26]

3. Karls Machtergreifung unter Papst Stephan III.

Der neue Papst Stephan III. (768-772) ließ 769 eine Synode im Lateran abhalten, deren Anlass die Nachfolgestreitigkeiten nach dem Tode von Paul I. waren.[27] Als Paul I. am 28. Juni 767 gestorben war, drang ein gewisser Toto aus Nepi in die Stadt Rom ein und ließ seinen Bruder Konstantin, in einer unüblichen Art und Weise, zum Papst wählen. Doch zwei der höchsten päpstlichen Beamten, Christophorus und sein Sohn Sergius, konnten unter einem Vorwand fliehen und den Langobardenkönig Desiderius und den Herzog von Spoleto zu Hilfe holen. Aussicht auf fränkische Unterstützung bestand zu der Zeit nicht, da Pippin im Konflikt um Aquitanien festgehalten wurde. [28]

Nach dreizehn Monaten gelingt es den beiden päpstlichen Beamten, im Bündnis mit den Langobarden Rom zurückzuerobern. Toto stirbt bei den Kämpfen und Konstantin wird gefangen genommen.[29] Aber nicht nur die Unruhestifter werden beseitigt, sondern auch der langobardische Papstkandidat. Dieser Verrat an den langobardischen Helfern, zwingt Christophorus in ein Bündnis mit den Franken, da er nun seinen vormaligen Waffenbruder Desiderius als Feind hat.[30]

Gleich im Anschluss schritt man zur Wahl eines neuen Papstes, aus der Stephan III., ein Vertrauter Pauls I., als Sieger hervorging. Konstantin wurde abgesetzt und Stephan geweiht.[31] Sergius begab sich daraufhin ins Frankenreich, um der Kritik des Königs und der Magnaten zuvorzukommen, denn immerhin hatte Konstantin II. über ein Jahr in Rom regiert und war im Frankenreich anerkannt worden. Er bat Pippin fränkische Bischöfe nach Rom zu schicken, die an einer Synode gegen Konstantin teilnehmen sollten. Da aber Pippin nun starb, schickten seine beiden Söhne Karl und Karlmann dreizehn Bischöfe nach

---

[24] Vgl.: Knefelkamp 2003, S. 66.
[25] Vgl.: Knefelkamp 2003, ebd.
[26] Vgl.: Becher, Matthias: Merowinger und Karolinger, Darmstadt 2009, S. 70.
[27] Vgl.: Scholz 2006, ebd.
[28] Vgl.: Classen 1985, S. 10.
[29] Vgl.: Scholz 2006, ebd.
[30] Vgl.: Classen 1985, S. 11.
[31] Vgl.: Scholz 2006, S. 75.

Rom.[32] Unter dem Vorsitz des neuen Papstes wurde die Usurpation des Papststuhles durch Konstantin II. verurteilt und das neue Papsttum unter Stephan III. bestätigt. Gleichzeitig wurde auch die bilderfeindliche Häresie, des Byzantinischen Kaisers verurteilt. Die Teilnahme der fränkischen Bischöfe machte deutlich, dass man in theologischen Fragen einen eigenen Standpunkt verfolgte, nun im Bunde mit der neuen Schutzmacht.[33] Hervorzuheben ist auch, dass nun das Datum auf den Synodalakten nicht den Kaisernamen trug, sondern nach der Herrschaft Jesu Christi datiert war.[34] Hier zeigt sich wieder einmal der deutliche Bruch zwischen Byzanz und Rom. Letzteres pochte nun mehr und mehr auf seine Eigenständigkeit unter der Schutzmacht des Frankenreiches.

Gleichwohl beide Brüder Bischöfe aus ihren jeweiligen Teilreichen zur Synode schickten, entzündete sich der Streit aufgrund der Teilung von Aquitanien erneut und sollte bald Auswirkungen auf Italien haben.[35] 769 erhoben sich die Aquitaner in dem Teil der unter Karls Herrschaft stand. Sein Bruder verweigerte ihm Hilfe und Karl schlug den Aufstand ohne seine Unterstützung nieder.[36] Hierzu schreibt Einhard:

> „ Er blieb jedoch dabei ohne die Hilfe seines Bruders, der durch den schlechten Rat seiner Großen davon Abgehalten wurde. Nur eine Besprechung hatte er mit ihm an dem Ort Duasdives. Während hierauf sein Bruder in sein Reich zurückkehrte, zog Karl nach der aquitanischen Stadt Angouleme […] ".[37]

Ihre Mutter Bertrada versuchte zu vermitteln und reiste über Bayern zum Langobardenkönig Desiderius nach Italien, wo sie eine Heirat Karls mit dessen Tochter (Name nicht überliefert) arrangierte. Diese Ehe bot zahlreiche politische Möglichkeiten, aber in erster Linie schwächte sie die Position von Karlmann erheblich. Bertrada hatte sich mit diesem politischen Zug für Karl entschieden, indem sie ein Bündnis gegen seinen Bruder aus der Taufe hob.[38]

Da man jedoch in Rom nicht wusste, welcher Sohn mit der langobardischen Prinzessin verheiratet werden sollte, schickte Stephan III. je einen Brief an beide Könige und verurteilte die Heiratsabsichten. Diesem Urteil lag die Furcht vor erneuten Angriffen der Langobarden zugrunde und der Verlust der Gebiete, welche Rom durch die Pippinschen

---

[32] Vgl.: Scholz 2006, ebd.
[33] Vgl.: Classen 1985, ebd.
[34] Vgl.: Scholz 2006, ebd.
[35] Vgl.: Classen 1985, S.12.
[36] Vgl.: Becher 2009, S. 70.
[37] Rau, Reinhold: Quellen zur karolingischen Reichsgeschichte. Die Reichsannalen, Einhard Leben Karls des Großen, Zwei „Leben" Ludwigs, Nithard Geschichten, T. 1, Berlin 1955, Ann. q. d. Einhardi 769, S. 25.
[38] Vgl.: Becher 2009, S. 71.

Schenkungen quasi erworben hatte.[39] Der Papst drohte mit dem Verlust des Seelenheils, sollte man sich in dieser Weise mit den „Stammvätern der Aussätzigen einlassen". Es war das erste Mal, dass der Papst einen Frankenkönig mit dem Anathema drohte.[40] Doch Bertrada suchte 770 auch Papst Stephan III. in Italien auf und versuchte ihn zu versöhnen.[41] Karlmann hatte nämlich die Situation erkannt und schickte eine Gesandschaft zum Papst, die ihm seine Treue zur römischen Kirche versichern sollte. Stephan dankte ihm und bot an seinen Sohn Pippin zu taufen und das Band der *compaternitas* zwischen ihnen zu knüpfen. Der Papst wollte damit so schnell wie möglich seinen neuen Bündnispartner fixieren, um den politischen Entwicklungen in Italien etwas entgegenzusetzen.[42]

Doch Bertrada gelang es in den Verhandlungen einen Ausgleich zwischen Karl und Stephan III. zu erzielen, da sie auf dem Rückweg ins Frankenreich die zukünftige Braut Karls mitnahm. Der Papst schien also das Langobardenbündnis zu tolerieren.[43] Karlmann, der sich nun isoliert sah, schickte seinen Gesandten Dodo nach Rom, um den Papst vom Gegenteil zu überzeugen. Während Dodo nun in Rom verhandelte, zog unterdessen Desiderius 771 nach Rom und unter dem Vorwand beten zu wollen, schlug er sein Lager bei St. Peter auf.[44] Nun brach der Kampf offen aus und in Rom standen sich zwei verfeindete Parteien gegenüber[45]: Auf der einen Seite der langobardenfreundliche Paulus Afiarta, der das Bündnis zwischen Karl, Stephan III. und Desiderius unterstützte, und auf der anderen Seite Dodo mit dem bereits bekannten Christophorus und Sergius, die ein Bündnis mit den Langobarden ablehnten, und somit auf der Seite Karlmanns standen. Die von Paulus Afiarta geführte Bewegung gewann die Oberhand, obwohl Dodo mit allen Mitteln versuchte den Papst umzustimmen.[46] Stephan III. stellte sich gegen jene, die ihn auf den Thron gehoben hatten und begab sich vor die Tore der Stadt zu Desiderius. Christophorus und Sergius wurden gefangen genommen und geblendet. Der Konflikt zwischen Karl und Karlmann hatte seinen Höhepunkt erreicht und Karlmann plante einen Angriff auf Rom, um seine Niederlage zu rächen und den Papst in seine Gewalt zu bringen. Ketterer schreibt hierzu:

---

[39] Vgl.: Scholz 2006, S. 76.
[40] Vgl.: Classen 1985, ebd.
[41] Vgl.: Rau 1955, Ann. q. d. Einhardi 770, S. 27.
[42] Vgl.: Scholz 2006, ebd.
[43] Vgl.: Classen 1985, ebd.
[44] Vgl.: Scholz 2006, S. 77.
[45] Vgl.: Classen 1985, S. 13.
[46] Vgl.: Scholz 2006, ebd.

„Karlmann, den die Vorfälle besonders nahe berührten, weil sein Gesandter von Anfang an auf Seiten der Besiegten gestanden hatte, war von solchem Unwillen gegen Stephan erfüllt, daß er, wie es heißt Anstalten traf, mit Heeresmacht gegen Rom zu ziehen."[47]

Eine weitere Eskalation wurde nur dadurch verhindert, dass Karlmann am 4. Dezember 771 starb und Karl nun als Alleinherrscher aus diesem Ereignis hervorging.[48] Ein großer Teil der Grossen Karlmanns huldigte nun Karl und seine Witwe Gerbera floh mit ihren Kindern nach Italien. Noch im selben Jahr verstieß Karl seine langobardische Frau und Desiderius nahm die Familie Karlmanns bei sich auf. Während dieser Ereignisse starb Papst Stephan III. am 3. Februar 772 und hinterlässt seinem Nachfolger Hadrian I. ein ganzes Bündel ungelöster Konflikte.[49]

Der eigentliche Gewinner dieser Situation ist Karl, der nun alleine über das Frankenreich regiert und den Papst auf seiner Seite weiß. Indem er seine Frau verstößt und Desiderius damit aus dem Rennen wirft, zeigt er auch dem Papst, das das alte Bündnis zwischen den Franken und Rom noch Aktualität besitzt und er bereit ist, seine Politik danach auszurichten. Durch diese Machtdemonstration, die seine Mutter eingeleitet hat, ist es Karl nun endgültig gelungen seine Herrschaft zu konsolidieren.

4. Karl der Grosse und Papst Hadrian I. - Bündnis im Konflikt

Erst durch den Tod Karlmanns, errang Karl die Voraussetzung für eine eigenständige, auf Expansion der Macht gerichtete Politik. Durch sein Bündnis mit Desiderius hatte er sich, im Gegensatz zu seinem Vater, auf ein anderes Verhältnis zum heiligen Stuhl in Rom festgelegt und diese Beziehung den Auseinandersetzungen mit seinem Bruder untergeordnet. Aber schon Stephan III. merkte, dass er sich nun in neue Abhängigkeiten brachte und unter stärkerem langobardischen Druck geraten war, jedoch ohne einen größeren Handlungsspielraum zu gewinnen.[50]

Sein Nachfolger Hadrian I. (772- 795) sah sich nun mit einer ganzen Reihe von Konflikten konfrontiert. Er entstammte der römischen Aristokratie und war von seinem Vorgänger zum Diakon gewählt worden, also zum Papst durchaus geeignet.[51] Er amnestierte die beim Umsturz inhaftierten Anhänger von Christophorus und beförderte Paulus Afiarta zum *Superista*. Desiderius aber versuchte nun Druck auszuüben, besetzte Gebiete in Italien und

---

[47] Ketterer, Johann: Karl der Große und die Kirche, München 1898. S. 24.
[48] Vgl.: Classen, ebd.
[49] Vgl.: Scholz, ebd.
[50] Vgl.: Classen 1985, S. 14.
[51] Vgl.: Classen 1985, ebd.

forderte die Salbung von Karlmanns Söhnen zu Königen durch den Papst.[52] Durch die Drohungen sah sich Hadrian I. gezwungen zu handeln und nahm die schon seit längerem ruhenden Beziehungen zum oströmischen Kaisertum wieder auf. Er deutet an, das er die kaiserliche Rechtshoheit über Rom anerkannte und sich so auch herausnahm Afiarta zu entmachten und seine Anhänger nach Konstantinopel zu verbannen. Paulus wurde aber durch den Erzbischof Leo hingerichtet, der fränkisch gesinnt war. Hadrian schaffte erst einmal Ordnung im Inneren Italiens und befreite sich von den Abhängigkeiten der lokalen Parteien und deren fränkischen und langobardischen Verbündeten, aber ohne die Autonomie gegenüber dem Kaiser zu gefährden.[53]

Nun reagierte seinerseits Desiderius und besetzte die Pentapolis, das römische Tuskien und erschien vor Rom. Er verlangte erneut die Salbung der Söhne Karlmanns, denn es lag ihm viel daran, Karl zu schwächen. So blieb dem Papst keine andere Wahl und er sandte ein Hilfegesuch an Karl.[54] Für Karl stand ein Ablehnen des Hilfegesuchs, wie einst von seinem Großvater, außer Frage. Bei einem Sieg von Desiderius in Italien, sah er seine Position als rechtmäßiger König und Schutzherr über Rom gefährdet. Ein Einschreiten lag also in Karls vitalem Interesse. Da Verhandlungen zwischen dem Papst und Desiderius ergebnislos verliefen, sammelte Karl ein Herr und zog über die Alpen nach Pavia, dem Zentrum der langobardischen Stärke.[55] Die Reichsannalen berichten: "Und er kam vor die Stadt Pavia und belagerte diese Stadt, nachdem er Desiderius eingeschlossen hatte."[56]

Noch während der Belagerung brach Karl Ende März 774 nach Rom auf, um dort am Karsamstag für einen Sieg zu beten. Er war damit der erste Frankenkönig der direkt nach Rom kam. Der Papst ließ für ihn in aller Eile ein Empfangszeremoniell bereiten und begrüßte Karl mit allen Ehren eines *patricii Romanorum*.[57]

Karl musste in der Petersgruft Sicherheitseide leisten, was den Papst eindeutig als Herr der Stadt präsentiert. Karl erneuerte das schon zwanzig Jahre währende Freundschaftsbündnis, was zwischen seinem Vater und dem Papst entstanden war, ebenfalls in Form eines Eides. Karl kommt also nicht als Beherrscher Roms, sondern als Schutzherr und Verbündeter der Stadt. Auch erkennt er die Schenkungen seines Vaters an Rom an, indem er eine neu ausgestellte Urkunde über diesen Sachverhalt annimmt. Er verspricht darin dem Papst die

---

[52] Vgl.: Scholz 2006, S.78.
[53] Vgl.: Classen 1985, S. 16.
[54] Vgl.: Scholz 2006, S.79.
[55] Vgl.: Classen 1985, S. 17.
[56] Rau 1955, Annales regni francorum 773, S. 20.
[57] Vgl.: Scholz 2006, S. 81.

Herrschaft über Ravenna, die Provinzen Venetien und Istrien und schließlich die langobardischen Herzogtümer Spoleto und Benevent. Hier deutet sich an, dass Karl, wie auch schon Pippin, Versprechen abgab, die er nie erfüllen konnte.[58] Classen schreibt:

„Das Versprechen von Quierzy und seine feierliche Bestätigung durch Karl lassen bei jeder Deutung einen Unbefriedigenden Rest."[59]

Im Sommer 774, nach neunmonatiger Belagerung, gelang es Karl, Pavia einzunehmen und Desiderius zur Aufgabe zu zwingen. Dieser wurde in Klosterhaft genommen und somit komplett entmachtet. Karl machte sich ohne Umschweife zum König der Langobarden. Von nun an führte er den Titel eines *rex Francorum et Langobardorum*, begann nun aber auch dauerhaft den Titel *patricius Romanorum* zu führen.[60] Mit der Annahme dieser beiden zusätzlichen Titel legte Karl das Fundament für einen noch stärkeren Einfluss in Europa. Er band das langobardische Königreich in sein Territorium ein und beendete so eine zweihundertjährige Tradition. Jetzt stand er direkt vor den Toren Roms, nicht mehr nur als Schutzherr, sondern als König der Langobarden.[61]

Der mächtige Bundesgenosse in der Ferne wurde so zum Nachbarn.[62] Aber der Krieg hatte den Rechtsstand Roms formell nicht verändert, den es gehörte formell nach wie vor zum Römischen Reich im Osten. So musste Hadrian versuchen sich zwischen diesen beiden Mächten seinen Raum zu wahren. Karl tritt aber nicht an die Stelle des Kaisers, da der Papst dem Programm der *Constitutum Constantini* treu bleibt.

Durch die Eroberung des Langobardenreiches zeichnet sich jedoch ein Konflikt Karls mit dem Kaiser ab, da der Sohn von Desiderius, Adelchis nach Byzanz fliehen konnte und dort vom Kaiser mit dem Titel eines *Patricius* ausgezeichnet wurde. Hadrian I. deckte daraufhin eine Verschwörung (775) auf, mit deren Hilfe Adelchis den Thron wieder zurückgewinnen wollte und Rom wieder mehr unter den griechischen Einfluss gelangen sollte. Karl ließ den Aufstand in Friaul sofort blutig niederschlagen, aber begab sich nicht, wie vom Papst erhofft, nach Rom.[63] Die Reichsannalen berichten, dass er etliche Städte unterwarf, die sich erhoben hatten, um dann siegreich nach Francien zurückzukehren.[64]

Die Byzantiner verzichteten auf ein Einreifen und Adelchis blieb im sicheren Konstantinopel. 778 schlug der Papst, aus Angst vor vermeintlichen Bedrohung aus dem Osten, nun

---

[58] Vgl.: Classen 1985, S. 18f.
[59] Classen 1985, S. 21.
[60] Vgl.: Becher, Matthias: Karl der Große, München[4] 2004. S. 77.
[61] Vgl.: Classen 1985, S. 22.
[62] Vgl.: Caspar 1956, S. 39.
[63] Vgl.: Classen 1985, S. 22f.
[64] Vgl.: Rau 1955, Annales regni francorum 776, S. 33.

eigenhändig zu und eroberte Teile des Dukats von Neapel. Es gehörte zum Hoheitsgebiet des Kaisers und der Papst ersuchte aus Angst vor dessen Reaktion Karls Hilfe. Es war der erste Angriffskrieg, der unter einem Papst geführt wurde.[65] Doch der Frankenkönig war durch den Sachsenkrieg und einem Eroberungszug nach Spanien gebunden und ließ sich auch nicht durch Mahnungen Hadrians I., endlich seine Schenkungsversprechen einzulösen, zum Eingreifen bewegen. Er mahnte ihn auch unter Anspielung auf den großen Konstantin, seinem Vorbild nachzueifern und die römische Kirche zu bereichern.[66]

Doch im Winter 780/81 entschloss sich Karl nach Italien aufzubrechen, um dort die Verhältnisse zu ordnen. Er entschloss sich auch, seine beiden jüngeren Söhne Pippin (vorher Karlmann) und Ludwig zu Königen zu bestellen, wozu er päpstliche Hilfe in Form der Salbung und Gevatternschaft in Anspruch nahm.[67] Es wurde auch die konfliktreiche Frage des Schenkungsversprechens erörtert. Aber der Papst erreichte hier sehr wenig, ja er musste gar auf einige Gebiete verzichten z.B. Spoleto. Fortan mahnte er den König nicht mehr zur Erfüllung seiner umfassenden Versprechungen.

Stattdessen schloss Karl ein Bündnis mit Byzanz, was sehr zum Unbehagen des Papstes beitrug.[68] In Byzanz regierte nun nach Kaiser Leons IV. Tod seine Witwe Eirene, für ihren unmündigen Sohn Konstantin IV. Sie war darauf bedacht, ihre Herrschaft in alle Richtungen abzusichern und verhandelte nun auch mit dem Westen, zumal sie im Osten von den Arabern bedrängt wurde. Gesandte Eirenes verhandelten um eine Verlobung ihres Sohnes mit Karls Tochter Rotrud,[69] die Karl bewilligte. Die Kaiserin erkannte die Herrschaft der Franken in Italien formell an und gab die byzantinischen Ansprüche dort praktisch auf. Welche Gedanken Karl zu diesem Bündnis trieben ist unklar, aber es stärkte seine Machtposition ungemein.[70]

Als Karl mit der Unterwerfung des Sachsenkönigs Widukind den Krieg dort für beendet glaubte, zog er 787 ein drittes Mal nach Italien, um den letzten Hort des langobardischen Widerstands in Benevent zu tilgen. Im März 787 drang er in das Kerngebiet des Arichis vor, der nach erfolgter Geiselstellung die Oberhoheit Karls anerkannte[71] und dem Papst strittige Grenzorte abtrat. In Capua trafen Gesandte Eirenes ein, die nun Rotrud mitnehmen wollten. Der König lehnte jedoch ihre Mitnahme ab und feierte Ostern in Rom. Das frän-

---

[65] Vgl.: Becher 2004, S.79.
[66] Vgl.: Classen 1985, S. 27.
[67] Vgl.: Hägermann, Dieter: Karl der Große, Reinbeck bei Hamburg 2003. S. 33f.
[68] Vgl.: Classen 1985, S. 29f.
[69] Vgl.: Caspar 1956, S. 53.
[70] Vgl.: Classen 1985, S. 31.
[71] Vgl.: Rau 1955, Annales regni francorum 787, S. 51.

kisch-byzantinische Bündnis war damit nur noch Makulatur. Karl feierte nun schon zum dritten Mal Ostern in Rom und schenkte dem Papst neue Gebiete. Der wiederum ließ den bayrischen Herzog Tassilo III. fallen und Karl machte sich nun an die endgültige Zerschlagung des bis dahin weitestgehend unabhängigen Herzogtums Bayern.[72]

Der Grund für den politisch etwas unklugen Bruch Karls mit Byzanz, könnte in seinen enttäuschten Erwartungen zu suchen sein. Das Kaiserreich behandelte ihn immer noch nicht seiner Position entsprechend. Er wurde auch nicht über das Konzil von Nikaia (778) informiert und konnte so nicht an den Beschlüssen teilhaben. Hadrian I. hatte nichts mit Karl abgesprochen, da es um eine kirchliche Angelegenheit ging, in der die Päpste zunächst wie gewohnt alleine handeln. In Nikaia wurde dem Ikonoklasmus abgeschworen und die Verehrung der Bilder vorgeschrieben. Jede Weigerung sollte mit dem Anathema bestraft werden. Eirene war nun gewillt diesen sechzigjährigen Streit beizulegen.[73] Doch Karl lehnt die Beschlüsse ab, wenngleich man doch seit jeher in der Angelegenheit der Bilderverehrung auf Seiten des Papstes stand und nun die Trennung der Römischen von der Oströmischen Kirche beendet war. Classen schreibt über seine Gründe: „[...] bei allem Respekt vor Rom und dem heiligen Petrus teilten die Franken keineswegs die Meinung, die Repräsentation des Westens durch den Papst erübrige ihre eigene Beteiligung."[74]

Während der Papst auf die Annahme der Beschlüsse drängte, verwies Karl darauf das keine fränkischen Bischöfe zugegen waren und das Konzil somit nicht als ökumenisch galt. Im Verlauf von Verhandlungen zwischen beiden bot der Papst Karl einen Kompromiss an. Er wollte den Kaiser, nun Konstantin VI, zum Häretiker erklären, wenn dieser nicht das Unrecht seines Urgroßvaters wieder gutmache und die damals entzogenen Besitzungen und Rechte der italienischen Kirche restituierte.[75]

Damit machte der Papst deutlich, das er die Verhältnisse zu Karl höher wertete als die zum Osten, zumal der fränkische König der Schutzherr Roms war. Hadrian I. legte sich also auf ein Bündnis mit Karl fest und wollte diesen nicht aufgrund eines Konzilsbeschlusses verlieren.[76]

Wie erwartet war Kaiser Konstantin zu den territorialen Zugeständnissen an Rom nicht bereit. Dies bot Hadrian I. seinerseits die Möglichkeitk, sein Gesicht zu wahren und die

---

[72] Vgl.: Classen 1985, S. 32f.
[73] Vgl.: Scholz 2006, S. 100f.
[74] Classen 1985, S. 36.
[75] Vgl.: Becher 2004, S. 83.
[76] Vgl.: Classen 1985, S.37.

Konzilsbeschlüsse nun ebenfalls abzulehnen.[77] Karl ging auch nicht auf diesen Kompromiss ein, stattdessen hielt er 794 eine Synode in Frankfurt ab. Zugegen waren Bischöfe aus allen Teilen des Frankenreiches, auch Vertreter der angelsächsischen Kirche und des Papstes. Es wurden Urteile gegen die Adoptianer in Spanien gesprochen, die einer häretischen Irrlehre anhingen.[78] Das Konzil von Nikaia kam ebenfalls zur Sprache, mit dem Ergebnis, dass seine Beschlüsse verworfen wurden. Damit wies Karl den Papst erkennbar in seine Schranken[79]. Diese Synode stand eindeutig unter dem Vorsitz Karls des Großen und die Beteiligung aller Bischöfe seines Reiches und auch Roms, sowie nichtfränkischer Geistlicher zeigte dem Kaiser, dass die fränkische Königsmacht auch über deren Grenzen hinweg Geltung hatte.[80]

Als Papst Hadrian I., nach einer fast zweiundzwanzig Jahre währenden Amtszeit am Weihnachtstage 795 starb, ließ Karl als Zeugnis ihrer Einheit eine Marmortafel mit folgender Aufschrift in der Peterskirche setzen: „Unsere Namen vereine ich in dieser Inschrift: Hadrian und Karl, ich der König du der Vater".[80]

5. Karl der Grosse und Papst Leo III.- Karl als Kaiser

Noch am Begräbnistag Hadrians I. wurde am 26. Dezember 795 sein Nachfolger Leo III. gewählt, in einer, wie es im Wahldekret lautet, einmütigen Wahl. Über seine Pontifikatsjahre liegen der Forschung weit weniger Quellen vor, als über die seines Vorgängers.[81] Er gehörte nicht dem aristokratischen Adel an, sondern den Kreisen des römischen Klerus, die durch den Adel an den Rand gedrängt wurden. Er meldete seine Wahl Karl an und ließ ihm den Schlüssel zum Petrusgrab und das Banner der Stadt Rom zukommen.[82]

Karl erwiderte und schlug dem neuen Papst vor, das Bündnis welches zwischen ihm und Hadrian I. bestanden hatte, zu erneuern. Er gab dieser Verbindung nun eine neue Bedeutung, wobei der Papst durch Gebete die göttliche Gnade erflehen solle, damit Karl die römische Kirche schützen könne.[83] Der Papst und Karl erscheinen hier als zwei aufeinander angewiesene Häupter. Aber Leos III. ganze Abhängigkeit von Karl, auch in Sachen der Kirchenverfassung, zeigte die Erhebung des Erzbistums Salzburg 798 zum Erzbistum und

---

[77] Vgl.: Hartmann, Florian: Hadrian I. (772-795). Frühmittelalterliches Adelspapsttum und die Lösung Roms vom byzantinischen Kaiser (Päpste und Papsttum, Bd. 34), Stuttgart 2006. S. 288.
[78] Vgl.: Classen 1985, S.38.
[79] Vgl.: Becher 2004, S. 84.
[80] Vgl.: Classen 1985, S. 39.
[80] Vgl.: Caspar 1956, S. 109.
[81] Vgl.: Classen 1985, S. 42.
[82] Vgl.: Rau 1955, Annales regni francorum 796, S. 65.
[83] Vgl.: Caspar 1956, S. 119.

die Wahl des passenden Erzbischofs durch ihn, d.h. der König ordnete die Verfassung der fränkischen Kirche und Leo setzte sie um. Des Weiteren datierte Leo III. seine Urkunden nicht mehr nur mit den Pontifikatsjahren, sondern stellte Karls Regierungsjahre daneben. Dies brachte Karls Herrschaft über Rom auch formell zum Ausdruck.[84]

Doch Leo III. hatte, aufgrund seiner Herkunft, keine so gesicherte Stellung in Rom und die Opposition war stark. Angeführt wurde sie von Paschalis, dem Neffen Hadrians I. und dem *saccellarius* Campulus. Beide waren auch, aufgrund ihrer hohen Stellung in Rom, im Frankenreich bekannt und wussten viele Leute hinter sich.[85] Leo versuchte sie beiseite zu schieben, indem er auf andere Kräfte setzte. Dies mündete schließlich in eine Revolte gegen den Papst.[86] Ende April 799 erhoben sich die Papstgegner und verübten ein Attentat gegen ihn.

Dieser Anschlag geschah während der Bittprozession am Markustag in Rom.[87]

Die *Vita Leonis* beschreibt dies folgendermaßen:

> „ Die Attentäter näherten sich dem Papst während einer Prozession heuchlerisch mit im Gewande versteckten Waffen, warfen ihn zu Boden und misshandelten ihn- seine Begleiter flohen verschreckt. Erst schleppten ihn die Peiniger ins Griechenkloster San Silvestro, dann ins Erasmuskloster am Monte Celio, rissen ihm vor dem Altar der Klosterkirche die Pontifikalgewänder herunter, bestraften ihn für seine Angeblichen Verbrechen, indem sie ihm die Augen ausstachen und die Zunge heraus- schnitten und machten ihn damit für alle Zukunft amtsunfähig. Durch ein Wunder genas der Papst von seinen schweren Verletzungen und konnte fliehen."[88]

Zweifel an dieser Darstellung sind angebracht, denn über die Ziele und die Motivation der Täter fehlt jeder Beweis, zumal er ein von Karl dem Großen anerkannter Papst war.

Anzunehmen ist, dass man ihn wohl in eine größere Abhängigkeit bringen wollte.[89] Die Nachricht vom Putsch verbreitete sich schnell. Die *missi* Karls, Herzog Winigis von Spoleto und der Abt Wirund von Stablo, die gerade in Italien amtierten, befreiten mit Hilfe von Leos Leuten den Papst aus der Haft im Griechenkloster San Erasmo und entkamen mit ihm

---

[84] Vgl.: Classen 1985, S. 45.
[85] Vgl.: Caspar 1956, S. 122.
[86] Vgl.: Classen 1985, S. 46.
[87] Vgl.: Becher, Matthias: Karl der Große und Papst Leo III. Die Ereignisse der Jahre 799 und 800 aus der Sicht der Zeitgenossen, in: Christoph Stiegemann und Mattias Wemhoff (Hrsg.), Karl der Große und Papst Leo III. in Paderborn (Kunst und Kultur der Karolingerzeit, Bd 1.), Mainz 1999

[88] Vita Leonis III. im Liber Pontificalis, hrsg. v. Louis Duchesne, Bd. 2, Paris ²1892. S. 4f.
[89] Vgl.: Classen 1985, ebd.

nach Spoleto. Dem Papst blieb keine andere Möglichkeit als nun die Hilfe von fränkischer Seite anzunehmen. Der Putsch indes ist eindeutig gescheitert.[90]

Karl erhielt die Nachricht während er sich in Sachsen befand und so befahl er, dass der Papst nach Paderborn gebracht werden sollte. So musste der Papst den weiten Weg dorthin antreten. Ob Karl dies beabsichtigte, sei dahingestellt. Jedenfalls empfing er ihn im Juli 799 in Paderborn, wo Leo III. mit großem Zeremoniell empfangen wurde. Hier in Sachsen konnte der König ihm seine Erfolge im Krieg vor Augen führen und sich so als Mehrer der Christenheit präsentieren.[91] Doch auch die Papstgegner schickten Boten nach Paderborn, die dort ihre Anschuldigungen verlasen. Die genauen Inhalte der Verhandlungen sind unbekannt, doch konfrontiert mit den Anschuldigungen, wurden Stimmen nach einem Gericht über den Papst laut.[92]

In dieser Situation wandte sich Karl an Alkuin, einem angelsächsischen Vertrauten. Er vertrat den Standpunkt, dass Karl nicht über den Papst richten konnte, aber der König musste das Recht in Rom wieder herstellen und Leo III. schützen. Karls Position als Schutzherr erlaube ihm ein solches Vorgehen.[93] Karl ließ den Papst durch seine *missi* nach Rom zurückführen, wo er am 29. November 799 empfangen wurde. Die Franken hielten wohl kein Gericht, aber leiteten eine genaue Untersuchung ein. Man verhaftete Paschalis, Campulus und deren Getreue und führte sie ins Frankenreich ab. Für das weitere Vorgehen war Karls persönliche Entscheidung notwendig und so entschied er sich nach Rom aufzubrechen, wenngleich die rechtliche Lage weiterhin unklar war. Diese konnte nur beseitigt werden, wenn es eine gültige Justizgewalt in Rom gab, zum Beispiel einen Kaiser, der richten konnte.[94] Der Oströmische Kaiser kam aufgrund der Entfremdung zwischen dem Westen und dem Osten nicht in Frage. Classen schreibt:

> „ So spricht eine innere Wahrscheinlichkeit dafür, daß man schon in Paderborn die Übertragung der Kaiserwürde an Karl als die Lösung aller rechtlichen und politisch-theologischen Probleme erörtert und grundsätzlich akzeptiert hat."[95]

Am 23. November 800, fast ein Jahr nach der Rückkehr des Papstes, traf Karl in Rom ein und wurde vom Papst persönlich am zwölften Meilenstein begrüßt. Eine Woche nach seiner Ankunft, trat unter dem Vorsitz von Karl und Leo eine Versammlung zusammen, die über die Anschuldigungen gegen den Papst (Simonie, Eidbruch und sittliche Verfehlun-

---

[90] Vgl.: Caspar 1956, S. 124.
[91] Vgl.: Classen 1985, S. 46.
[92] Vgl.: Scholz 2006, S. 127.
[93] Vgl.: Becher 1999, S. 28f.
[94] Vgl.: Classen 1985, S. 48f.
[95] Classen 1985, S. 52.

gen) beriet. Aufgrund der Nicht- Judizierbarkeit des Papstes, einigte man sich erst nach dreiwöchigen Verhandlungen. Der Papst entschied sich einen freiwilligen Reinigungseid abzulegen, um seine Ehre und Unschuld wieder herzustellen. Am 23. Dezember 800 legte er ihn vor dem versammelten fränkischen und römischen Klerus auf der Ambo der Peterskirche ab.[96]

Zwei Tage nach dem Reinigungseid, am Weihnachtag, setzte Leo III. dem König, als er sich vom Gebet am Petrusgrab erhob, eine Krone auf das Haupt.[97] Die *Liber Pontificales* berichtet:

> „ Am, Tage der Geburt Jesu Christi waren alle in der schon genannten Basilika des heiligen Apostels Petrus versammelt. Und da krönte der ehrwürdige und Segen spendende Vorsteher Karl eigenhändig mit der kostbarsten Krone. Darauf riefen alle gläubigen und getreuen Römer, die den Schutz und die Liebe, die Karl der römischen Kirche und ihrem Vertreter gewährte, einmütig mit lauter Stimme auf Gottes Geheiß und des heiligen Petrus, des Schlüsselträgers des Himmelreiches, Eingebung hin aus: Karl dem frömmsten Augustus, dem Gott gekrönten großen und friedvollen Kaiser, Leben und Sieg. Vor der heiligen Confessio des seligen Petrus ist das, unter Anrufung vieler Heiliger, dreimal ausgerufen worden, und von allen ist er als Kaiser der Römer eingesetzt worden. [...]"[98]

Die Reichsannalen schreiben:

> „ Als der König sich vom Gebet vor dem Grab des seligen Apostels Petrus erhob, setzte ihm Papst Leo eine Krone aufs Haupt, und das ganze Römervolk rief dazu: dem erhabenen Karl, dem von Gott gekrönten großen und Frieden bringenden Kaiser der Römer Leben und Sieg! Und nach den lobenden Zurufen wurde er vom Papst nach der Sitte der alten Kaiser durch Kniefall geehrt und fortan, unter Weglassung des Titels Patricius, Kaiser und Augustus genannt."[99]

In den Reichsannalen ist deutlich zu lesen, dass Karl von der Krönung überrumpelt wurde, während die Papstvita den Vorgang anders beschreibt. Jedenfalls ist in beiden Hauptquellen ersichtlich, dass der Papst die Initiative ergriffen hat und Karl zum Kaiser krönte. In den Lorscher Annalen kann man lesen, dass die Krönung schon am 23. Dezember so gut wie beschlossen war und man den König von jetzt an Kaiser nennen müsse. Begründet wird dies mit der Thronvakanz in Byzanz, denn dort regierte mit Eirene eine Frau. Sie selbst hatte 797 ihren Sohn Konstantin gestürzt und blenden lassen. Somit herrscht Karl nun über Rom und alle anderen Kaisersitze des westlichen Imperiums, was ihn fortan dazu

---

[96] Vgl.: Scholz 2006, S. 130f.
[97] Vgl.: Caspar 1956, S. 135.
[98] Duchesne 1955, S. 7.
[99] Rau 1955, Annales regni francorum 801, S. 75.

berechtigte, Kaiser zu sein.[100] Diese teilweise voneinander unterschiedlich dargestellten Ereignisberichte zeigen, wie schwer es ist, den tatsächlichen Hergang nachzuvollziehen.

Aber während in den römischen Darstellungen der Papst und die Römer handelten, wird in den fränkischen Quellen nicht dieser Eindruck erweckt. Karl und seine Gelehrten wollten es wahrscheinlich vermeiden, als nicht handelnde Akteure dazustehen und nur in der Empfängerposition zu sein, was den Papst eindeutig als Spender des Kaisertums präsentierte.[101]

Nun hat Karl eine Stellung erhalten, die ihn dazu berechtigte über die Putschisten zu richten.[102] Ein paar Tage nach der Kaiserkrönung verurteilte Karl die Verschwörer zum Tode, was der Papst aber in eine Verbannung nach Frankreich umwandelte.[103]

Karl ist nun legitimierter Kaiser, was ihn zwangläufig in Konflikt mit Byzanz brachte. Erst durch die Anerkennung durch Nikephorus I. 813 wurde die Situation entschärft.[104] Karl hat den römischen Boden nach 800 nicht mehr betreten. Er ließ spätestens ab 806 seinen Sohn Pippin, den Unterkönig von Italien, die Dinge dort regeln.[105] Karl der Große starb am 28. Januar 814 in Aachen, wo er noch am selben Tag in der Pfalzkapelle beigesetzt wurde.[106]

6. Zusammenfassung

Karl hatte es geschafft durch kluges und stets machtbewusstes Interagieren seine Stellung gegenüber dem Papsttum in Rom immer weiter auszubauen. Somit brachte er sich in eine Position, die ihn als Stütze für Rom unerlässlich machte. Durch die Vorarbeit seines Großvaters und Vaters waren die Beziehungen zwischen beiden Territorien schon geknüpft worden. Karl festigte diese und baute sie weiter aus.

Unter dem Pontifikat Stephans III. gelangte er an die Macht und seine Mutter verhalf ihm dazu, sich gegen seinen Bruder Karlmann durchzusetzen. Die vergleichsweise lange Amtszeit unter Hadrian I., war von ständigen Gebietsforderungen seitens des heiligen Stuhls geprägt. Doch Karl schaffte es durch die Hilfe und den Sieg gegen die Langobarden, seine Macht in Italien auszubauen und stand fortan als König mit italienischen Besitzungen vor Hadrian. Den Gebietsforderungen seitens des Papstes kam er nur bedingt nach. Dennoch schaffte er es, Rom immer weiter von Byzanz zu entfernen und gleichzeitig den Papst

---

[100] Vgl.: Scholz 2006, S. 131.
[101] Vgl.: Scholz 2006, S. 134.
[102] Vgl.: Classen 1985, S. 80.
[103] Vgl.: Scholz 2006, S. 134.
[104] Vgl.: Caspar 1956, S. 141.
[105] Vgl.: Caspar 1956, S. 148.
[106] Vgl.: Becher 2009. S. 88.

mehr und mehr an sich zu binden. Er präsentierte sich nun als Hausmacht, die in Italien, politische Interessen vertrat. Dem konnte sich der Papst, der die Franken als Verbündete brauchte, schwer entziehen.

Mit der Kaiserkrönung unter Leo III. erreichte er den absoluten Höhepunkt seiner Macht und stand somit auf gleicher Stufe wie der oströmische Kaiser. Dabei half ihm die unsichere Stellung Leos in Rom, die er geschickt auszunutzen wusste. Am Ende dieser Ereigniskette stand er nun als westlicher Kaiser in Europa und schuf damit eine Tradition, auf die sich etliche Kaiser bis ins zwanzigste Jahrhundert berufen konnten.

Er brachte das Papsttum in seine Abhängigkeit, die sicherlich in die andere Richtung nicht so stark erschien. Er benutzte dessen wichtige Stellung unter der Christenheit Europas als Treppe zum Ruhm und zur Macht, wenngleich man ihm eine tiefe Frömmigkeit nicht absprechen konnte. Er bestimmte nun als weltlicher Herrscher viele geistliche Angelegenheiten, was sich auch unter seinen Nachfolgern so gestaltete. Rom war fortan auf den tatkräftigen Schutz eines Kaisers angewiesen, dies zeigten auch deutlich die Ereignisse nach dem Tode Karls des Großen.[107]

---

[107] Vgl.: Schimmelpfennig, Bernhard: Von der Antike bis zur Renaissance, Darmstadt 2009.

Literatur.- und Quellenverzeichnis

Quellenverzeichnis:

- Le Liber Pontificalis, Vita Leonis III., hrsg. v. Duchesne, Louis, Bd. 2, Paris 1892, Übersetzung nach: Hartmann, Wilfried (Hrsg.), Frühes und hohes Mittelalter 750-1250 (Deutsche Geschichte in Quellen und Darstellung, Bd. 1), Stuttgart 1995.

- Quellen zur Karolingischen Reichsgeschichte. Die Reichsannalen, Einhard Leben Karls des Großen, Zwei „Leben" Ludwigs, Nithard Geschichten, hrsg. v. Rau, Reinhold, Tl. 1 (Ausgewählte Quellen zur deutschen Geschichte des Mittelalters 5), Berlin ca. 1955.

Literaturverzeichnis:

- Becher, Matthias: Karl der Große, München[4] 2004.

- Becher, Matthias: Karl der Große und Papst Leo III. Die Ereignisse der Jahre 799 und 800 aus der Sicht der Zeitgenossen, in: Christoph Stiegemann und Mattias Wemhoff (Hrsg.), Karl der Große und Papst Leo III. in Paderborn (Kunst und Kultur der Karolingerzeit, Bd 1.), Mainz 1999.

- Becher, Matthias: Merowinger und Karolinger, Darmstadt 2009.

- Caspar, Erich: Das Papsttum unter fränkischer Herrschaft, Darmstadt 1956.

- Classen, Peter: Karl der Grosse, das Papsttum und Byzanz. Die Begründung des karolingischen Kaisertums, Sigmaringen 1985.

- Hägermann, Dieter: Karl der Große, Reinbeck bei Hamburg 2003.

- Hartmann, Florian: Hadrian I. (772-795). Frühmittelalterliches Adelspapsttum und die Lösung Roms vom byzantinischen Kaiser (Päpste und Papsttum, Bd. 34), Stuttgart 2006.

- Ketterer, Johann: Karl der Große und die Kirche, München 1898.

- Knefelkamp, Ulrich: Das Mittelalter, Paderborn[2] 2003.

- Schimmelpfennig, Bernhard: Von der Antike bis zur Renaissance, Darmstadt 2009.

- Scholz, Sebastian: Politik- Selbstverständnis- Selbstdarstellung. Die Päpste in karolingischer und ottonischer Zeit, Stuttgart 2006.